Ernst Probst

Dorothea Erxleben. Die erste deutsche Ärztin

Der GRIN Verlag publiziert seit 1998 wissenschaftliche Arbeiten von Studenten, Hochschullehrern und anderen Akademikern als eBook und gedrucktes Buch. Die Verlagswebsite www.grin.com ist die ideale Plattform zur Veröffentlichung von Hausarbeiten, Abschlussarbeiten, wissenschaftlichen Aufsätzen, Dissertationen und Fachbüchern.

Dokument Nr. V209021 aus dem GRIN Verlagsprogramm

Ernst Probst

Dorothea Erxleben. Die erste deutsche Ärztin

GRIN Verlag

Die Deutsche Bibliothek verzeichnet diese Publikation in der Deutschen Nationalbibliografie;
detaillierte bibliografische Daten sind im Internet über http://dnb.d-nb.de/ abrufbar.

1. Auflage 2013
Copyright © 2013 GRIN Verlag GmbH
http://www.grin.com
Druck und Bindung: Books on Demand GmbH, Norderstedt Germany
ISBN 978-3-656-36510-5

Zeitgenössisches Porträt von Dorothea Erxleben (1715–1762), geborene Leporin

Ernst Probst

Dorothea Erxleben

Die erste deutsche Ärztin

Dorothea Erxleben (1715–1762)
gewidmet

Haus Steinweg 51 in Quedlinburg:
Hier lebte Dorothea Erxleben, die erste deutsche Ärztin

Dorothea Erxleben

Die erste deutsche Ärztin

Die Ehre, Deutschlands erste und für anderthalb Jahrzehnte auch die einzige Ärztin gewesen zu sein, gebührt Dorothea Erxleben (1715–1762), geborene Leporin. Sie erwarb als erste deutsche Frau an einer deutschen Universität den medizinischen Doktorgrad: Die Mutter von vier Kindern legte 1754 im Alter von 38 Jahren erfolgreich ihre schriftliche und mündliche Prüfung in Halle (Saale) ab.

Dorothea Christiane Leporin kam am 13. November 1715 als zweites von vier Kindern des Arztes Christian Polycarp Leporin (1689–1747) und dessen Ehefrau Anna Sophia Leporin (1680–1757), geborene Meinecke, in Quedlinburg (Sachsen-Anhalt) zur Welt. Über ihren Vater heißt es, er sei ein streitbarer Wissenschaftler gewesen, der bei Auseinandersetzungen mit seinen zahlreichen Gegnern härtere Töne angeschlagen habe und deswegen allerlei Beschimpfungen zu ertragen hatte. Die Mutter war die jüngste Tochter des Konsistorialrats Albert Meinecke. Dorotheas ältere Schwester trug die Vornamen Maria Elisabeth (1712–1797), ihre beiden jüngeren Brüder hießen Christian Polycarp (1717–1791) und Johann Christian Justus (1720–1794). Die Familie Leporin hatte früher den Familiennamen Hase

7

getragen. Diesen Familiennamen änderte Justus Hase, der Sohn eines Schlachters, der Theologe wurde, latinisiert zu Leporinus bzw. Leporin, ab.

Vom Kindesalter an war Dorothea zart und kränklich, weshalb sie keine schwere Hausarbeit verrichten musste. Ihrem Vater fiel auf, dass sie von ihren gesundheitlichen Beschwerden abgelenkt wurde, wenn sie beim Unterricht ihres Bruders Christian Polycarp zuhören durfte. Deshalb ließ er sie oft dabeisitzen. Manchmal beantwortete Dorothea schneller als ihr Bruder eine Frage. Dies bewog den Vater, sie am systematischen Unterricht teilnehmen zu lassen, durch den Christian Polycarp auf den Besuch der Lateinschule vorbereitet wurde.

Doktor Leporin schlug 1724 in einer Abhandlung vor, in jeder Stadt sollten eine Akademie eingerichtet und Schüler, die den Unterricht nicht selbst bezahlen könnten, kostenlos unterrichtet werden. Die Kosten hierfür sollten in einem Ausgleichsverfahren zwischen vermögenderen und ärmeren Studenten aufgebracht werden. Zu diesen Bildungseinrichtungen sollten nicht nur Männer, sondern auch Frauen einen Zugang erhalten. Der Doktor regte zudem die Einrichtung öffentlicher unentgeltlicher Bibliotheken an.

Dorothea lernte Religion, Gelehrsamkeit, nützliche Wissenschaften, Deutsch, Latein und Französisch. Ihre ältere und gesündere Schwester Maria Elisabeth dagegen musste ihrer Mutter im Haushalt zur Hand gehen. Zwischen den beiden Schwestern kam es wegen der Bevorzugung von Dorothea oft zum Streit, obwohl Maria Elisabeth den Unterricht wohl eher langweilig gefunden hätte. Der Vater nahm Christian Polycarp und Dorothea zu Hausbesuchen bei Patienten mit, wobei sie medizinisches Grundwissen erwarben.

Christian Polycarp durfte später die Lateinschule besuchen, Dorothea wie andere Mädchen ihrer Zeit dagegen nicht. Aber sie erhielt weiterhin daheim Unterricht von ihrem Vater und zusätzlich von ihrem Bruder, der seine Lektionen mit nach Hause nahm und sie mit Dorothea durchging. Eines Tages zeigte Christian Polycarp die Arbeiten von Dorothea dem Rektor und Lateinlehrer Tobias Eckhard (1662–1737), der 1732 die 15-Jährige in einem Brief an sie in den höchsten Tönen lobte. Mit Hinweis auf Laura Bassi (1711–1778), die 1732 in Italien mit 20 Jahren den Doktor- und Professorentitel erworben hatte, äußerte Eckhard den Wunsch, Dorothea möge ebenfalls in der Wissenschaft zu solchen Ehren gelangen. Bald darauf erhielt Dorothea vom Rektor externen Unterricht. Auch ihr Vater bildete sie weiterhin aus.

1736 zog man den Bruder Christian Polycarp zum „Marwitzschen Regiment" in Quedlinburg ein, als er gerade mit dem Studium beginnen wollte. Auch in der Folgezeit brachte der Vater seiner Tochter Dorothea weitere medizinische Kenntnisse bei. Wenn er erkrankte und das Bett hüten musste, kümmerte sich Dorothea mitunter allein um eine seiner Patientinnen.

Im April 1740 wurde Christian Polycarp Leporin beurlaubt, um sein Medizinstudium an der Universität Halle (Saale) beginnen zu können. Die dortige Friedrich-Universität besaß ein königliches Privileg, welches den Studenten die Fortsetzung ihres Studiums zusagte und sie in dieser Zeit von Zwangsrekrutierung und Soldatenwerbung befreite.

Bei der Erbhuldigung des preußischen Königs Friedrich II. der Große (1712–1786) am 24. November 1740 in Quedlinburg nutzte die 25-jährige Dorothea Erxleben die Gelegenheit, um auf ihren Wunsch, selbst zu studieren,

Laura Bassi (1711–1778), die erste Professorin in Europa

Friedrich II. der Große (1712–1786)

aufmerksam zu machen. Sie übergab dem Regierungspräsidenten von Halberstadt, der den König bei diesem Festakt vertrat, neben französischen Versen zum Regierungsantritt des Herrschers ein Gesuch. Einerseits bat sie darum, ihren Bruder weiter studieren zu lassen, weil sie offenbar befürchtete, dessen Beurlaubung vom Militärdienst würde widerrufen, wenn der Preußenkönig das seit 20. Oktober 1740 von Maria Theresia (1717–1780) regierte Habsburger Reich angreife. Andererseits erklärte sie, sie wolle sich ihrem Bruder anschließen und an der „Medizinischen Fakultät" der Universität Halle eine Abschlussprüfung ablegen.

Weil der Vater von Dorothea mit seiner Arztpraxis wenig verdiente, wandte er sich mit der Bitte um eine finanzielle Unterstützung an den Stiftshauptmann Georg Otto Edler von Plotho (1707–1788). Dieser schrieb am 20. Dezember 1740 deswegen an König Friedrich II., der vier Tage zuvor nach Schlesien einmarschiert war, um Maria Theresia diese reiche Provinz zu entreissen. Der Stiftshauptmann wies eindringlich auf die Notlage von Doktor Leporin hin, doch dieser erhielt nicht die erhoffte finanzielle Hilfe.

Als das „Marwitzsche Regiment" in Quedlinburg den jungen Christian Polycarp Leporin wegen des „Ersten Schlesischen Krieges" (1740–1742) wieder zum Dienst zurückholen wollte, stellte sich der akademische Senat der Universität Halle vor ihn und andere Studenten. Der Senat verwies auf ein königliches Dokument vom 1. Dezember 1740, wonach alle an der Universität Halle befindlichen „Studiosi" nicht als Soldaten eingezogen werden und ungehindert weiterstudieren könnten.

Ende Januar 1741 forderte das „Marwitzsche Regiment" von Doktor Leporin die Herbeischaffung seines älteren

Sohnes Christian Polycarp, der mittlerweilen als Deserteur gesucht wurde, oder Ersatz durch den jüngeren, sehr schwächlichen Sohn Johann Christian Justus. Christian Polycarp war in das Kurfürstentum Sachsen geflohen. Damit entging er dem barbarischen Spießrutenlaufen, bei dem ein Deserteur wiederholt durch ein Spalier von 300 Soldaten laufen musste, die mit Haselnussruten auf seinen nackten Rücken droschen, bis die Haut in Fetzen hing. Auch Johann Christian Justus entzog sich den militärischen Anforderungen sofort durch die Flucht aus Preußen. Da nun auch dem Vater die Verhaftung drohte, versteckte er sich zehn Wochen lang außerhalb von Quedlinburg und ließ die weiblichen Mitglieder der Familie in wirtschaftlich ziemlich ungesicherter Lage.

Nachdem das „Marwitzsche Regiment" die Quedlinburger Garnison verlassen hatte, kehrte Doktor Leporin aus seinem zehnwöchigem Exil zu seiner Familie nach Quedlinburg zurück. Er versuchte nun, durch eine Bittschrift an den preußischen König Friedrich II., die Situation für seine Familie zu verbessern. Im Begleitschreiben des Stiftshauptmanns Georg Otto Edler von Plotho, womit die Bittschrift von Doktor Leporin an den König weitergeleitet wurde, stand, dass sich Dorothea nicht allein an die Universität Halle traue.

Doch der junge Christian Polycarp Leporin, mit dem Dorothea an der Universität Halle gemeinsam die medizinischen Examen ablegen wollte, ließ sich bereits im März 1741 an der „Georg-August-Universität" Göttingen einschreiben und kehrte nicht mehr nach Preußen zurück. Im April 1741 erhielt der Stiftshauptmann Georg Otto Edler von Plotho vom „Departement der Geistlichen Affairen" eine erfreuliche Antwort auf die Eingabe von Dorothea.

„Mit dem allergrößten Vergnügen" wolle man dazu beitragen, dass Christian Polycarp Leporin sein Studium fortsetzen und seine Schwester einen akademischen Grad erwerben könne. Wenn die Beiden dazu bereit seien und sich wieder meldeten, werde man der Unversität Halle eine entsprechende Empfehlung übermitteln.

Am 2. Mai 1741 wurde Doktor Leporin vom Stiftshauptmann hierüber informiert. Für Christian Polycarp erfolgte diese Antwort zu spät, da er – wie erwähnt – bereits seit März in Göttingen studierte. Aber Dorothea bot sich nun die Chance, als erste Frau in Deutschland den Doktortitel zu erwerben. Die Freude von Dorothea wurde jedoch durch einen Wermutstropfen getrübt. Weil ihr Bruder in Göttingen studierte, hätte sie ohne männliche Begleitung mit der Postkutsche nach Halle fahren müssen, was damals als unschicklich galt. Außerdem war dies angeblich nicht ungefährlich, weil sich ein Mitreisender wie von einer Dirne animiert hätte fühlen können, hieß es.

Ungeachtet des königlichen Privilegs konnte sich Dorothea Leporin aber auch aus einem anderen Grund nicht sofort für ein medizinisches Studium an der Universität Halle einschreiben. Denn am 21. September 1741 starb ihre Cousine Sophie und machte ihren Ehemann, den Diakon Johann Christian Erxleben (1697–1759), zum Witwer und alleinerziehenden Vater mit fünf Kindern. Dorothea betreute fortan die Halbwaisen. Kurz vor dem Ablauf des Trauerjahrs heiratete die 26-jährige Dorothea am 14. August 1742 den 18 Jahre älteren Witwer. Nach der Hochzeit zog Dorothea in das Pfarrhaus der St. Nicolai-Gemeinde in Quedlinburg ein. Der Geistliche war für Dorothea finanziell keine gute Partie. Aber er billigte und unterstützte die wissenschaftlichen Interessen und Pläne

14

seiner Ehefrau, was vermutlich nicht bei jedem Ehemann der Fall gewesen wäre.

Aus der Ehe zwischen Dorothea und Johann Christian Erxleben gingen vier Kinder hervor: der spätere Naturwissenschaftler Johann Christian Polycarp (1744–1777), Christian Albert Christoph (1746–1755), der im Alter von neun Jahren starb, Anna Dorothea Christiana (1750–1805) und der spätere Rechtswissenschaftler Johann Heinrich Christian (1753–1811). Obwohl der Pfarrhaushalt und zahlreiche Kinder zu versorgen waren, kümmerte sich Dorothea weiter um Kranke und Mittellose in Quedlinburg.

Im Februar 1742 erschien eine von Dorothea Erxleben verfasste Jugendschrift über das Für und Wider der Frauenbildung. Dorothea hatte bereits 1740 mit der Niederschrift dieser Abhandlung begonnen, die ursprünglich gar nicht zur Veröffentlichung vorgesehen war. Doch ihr Vater ließ zwei Jahre später diese Arbeit bei einem Verleger in Berlin drucken und steuerte dazu ein Vorwort bei. Jene Publikation trägt den Titel „Gründliche Untersuchung der Ursachen, die das Weibliche Geschlecht vom Studiren abhalten, Darin deren Unerheblichkeit gezeiget, und wie möglich, nöthig und nützlich es sey, Dass dieses Geschlecht der Gelahrtheit sich befleisse, umständlich dargeleget wird". Darin heißt es: „Die Verachtung der Gelehrsamkeit zeigt sich besonders darin, dass das weibliche Geschlecht vom Studieren abgehalten wird. Wenn etwas dem größten Teil der Menschheit vorenthalten wird, weil es nicht allen Menschen nötig und nützlich ist, sondern vielen zum Nachteil gereichen könnte, verdient es keine Wertschätzung, da es nicht von allgemeinem Nutzen sein kann. So führt der Ausschluss vieler von der Gelehrsamkeit zu ihrer Verachtung. Dieses Unrecht ist ebenso groß wie dasjenige,

Gründliche Untersuchung
der Ursachen,
die das

Weibliche Geschlecht
vom
Studiren
abhalten,
Darin deren Unerheblichkeit
gezeiget,
und wie möglich, nöthig und nützlich
es sey,
Daß dieses Geschlecht der Gelahrheit
sich befleisse,
umständlich dargeleget wird
von
Dorotheen Christianen
Leporinin.
Nebst
einer Vorrede ihres Vaters
D. Christiani Polycarpi Leporin,
Med. Pract. in Quedlinburg.

BERLIN,
Zu finden bey Johann Andreas Rüdiger,
1 7 4 2.

Werk der unverheirateten Dorothea Leporin

16

Dem geehrten Leser

wünschet

Glück und Seegen

Christian Polycarpus Leporin,

Med. Doct.

§. 1.

Es ist zu allen Zeiten die Frage erörtert, auch viel darüber gestritten worden: ob auch das weibliche Geschlecht der Gelahrheit sich befleissen solle?

§. 2.

Wenn wir nun die in sothaner Sache ergangene gelehrte Acta durchgehen, so ist am Tage, daß das weibliche Geschlecht vorlängst

b   weit

Vorwort von Doktor Leporin im Werk seiner Tochter

das den Frauen widerfährt, die dieses herrlichen und kostbaren Gegenstandes beraubt werden."

Am 30. November 1747 starb Doktor Leporin im Alter von 58 Jahren. Er war sein Leben lang ein guter Arzt, aber kein cleverer Geschäftsmann gewesen, und hinterließ seiner Familie einen beträchtlichen Schuldenberg. Nach dem Tod ihres Vaters übernahm Dorothea dessen Praxis in Quedlinburg und behandelte weiterhin Kranke, ohne einen offiziellen Doktortitel zu besitzen. Damit erregte sie bald den Unwillen studierter Ärzte in Quedlinburg, die um ihre Einnahmen bangten.

Als eine an Fleckfieber erkrankte und von Dorothea Erxleben behandelte ältere Patientin starb, zeigten andere Ärzte sie wegen „medicinischer Pfuscherey" an. Diese Beschwerde wurde von Johann Tobias Herweg, Henricus Wilhelmus Graßhoff und Andreas Zeitz am 5. Februar 1753 beim Stiftshauptmann Paul Andreas Baron von Schellersheim (1711–1781) eingereicht, der inzwischen den bereits erwähnten Stiftshauptmann von Ploto abgelöst hatte. Die drei Ärzte verlangten, den Bürgern von Quedlinburg solle bei Strafe verboten werden, sich von Dorothea behandeln zu lassen. Das Kurieren von „inneren Krankheiten" war nach der preußischen Medizinalordnung von 1725 nicht akademisch gebildeten oder durch ordentliche Promotion ausgewiesenen Ärzten verboten.

Am 17. Februar 1753 gab der Stiftshauptmann Paul Andreas Baron von Schellersheim der Beschwerde der drei Quedlinburger Ärzte statt. Er forderte Dorothea Erxleben auf, innerhalb von acht Tagen dazu eine Stellungnahme abzugeben und unterdessen das innerliche Kurieren zu unterlassen. Bereits am 21. Februar 1753 ging beim Stiftshauptmann eine fünf Seiten umfassende Antwort ein.

In ihrer Stellungnahme bestritt die inzwischen 37-jährige Dorothea den Vorwurf der Pfuscherei, denn sie habe bei ihrem Vater eine ausreichende Ausbildung genossen. Sie verwies auf die königliche Studienerlaubnis und erklärte, ihre Promotion habe sie nur aufgeschoben, weil sie sich um die Kinder und um ihren kranken Ehemann kümmern habe müssen. Derzeit sei sie wieder schwanger und könne die Promotion jetzt nicht nachholen. Nach ihrer Niederkunft wolle sie sich gern mit den drei Klagestellern einer gegenseitigen Prüfung stellen. Zudem verwies sie darauf, sie behandle vor allem Arme, die dafür nichts zahlen müssten, und bat darum, das Verbot ihrer ärztlichen Tätigkeit aufzuheben, damit sie weiterhin Bedürftigen helfen könne.

Die drei beschwerdeführenden Quedlinburger Ärzte lehnten Anfang März 1753 die von Dorothea Erxleben vorgeschlagene gemeinsame Prüfung ab. Sie argumentierten, dabei käme „gewiss ein leeres Gezänk und Gewäsch" heraus. Die „liebe Frau" könne mit „geborgtem Latein und Französisch" um sich werfen, als ob sie schon „doktormäßig" wäre. Ihre Rolle als Ehefrau und Mutter seien unvereinbar mit der Erlangung der Doktorwürde. „Denn aus dem Wochenbette unter den Doctorhut zu kriechen, ist ja wohl ein Pardoxon".

Danach verfügte der Stiftshauptmann Paul Andreas von Schellersheim, falls Dorothea Erxleben weiterhin praktizieren wolle, solle sie innerhalb von drei Monaten an der Universität Halle die Doktorprüfung absolvieren. Da sie gerade ihr viertes Kind erwartete, bat Dorothea um Aufschub und dieser wurde ihr gewährt. Am 14. April 1753 brachte sie ihren jüngsten Sohn Johann Heinrich Christian zur Welt.

Am 6. Januar 1754 reichte Dorothea Erxleben beim Stiftshauptmann Paul Andreas von Schellersheim in Quedlinburg ihre in lateinischer Sprache verfasste Doktorarbeit ein, in der sie verschiedene Therapien beschrieb. Die Doktorarbeit trug den langen Titel „Quod nimis cita ac quounde curare saepius fiat causa mimus tutae curationis" („Academische Abhandlung von der gar zu geschwinden und angenehmen, aber deswegen öfters unsicheren Heilung der Krankheiten"). Verbunden damit war ein erneutes Gesuch an den preußischen König Friedrich II. um Zulassung zur Promotion. Im Begleitbrief bat Dorothea darum, man solle ihr die üblichen Promotionskosten und die öffentliche Disputation erlassen, um die erforderlichen Reisen nach Halle auf ein Minimum zu beschränken. Der Stiftshauptmann leitete die Unterlagen an den preußischen König Friedrich II. weiter.

Der preußische Chef des „Departements der Geistlichen Affairen" ordnete am 18. Februar 1754 an, dem Gesuch von Dorothea Erxleben stattzugeben. Zudem verfügte er, die Bittstellerin sei anzuweisen, sich wegen der Einzelheiten selbst mit der Universität in Verbindung zu setzen. Am 27. März 1754 erhielt der Stiftshauptmann von Schellersheim eine Kopie der „auf seiner Majestät allergnädigsten Spezialbefehl" von vier Herren unterschriebenen Empfehlung an die „Medizinische Fakultät" in Halle, Dorothea Erxleben zur Promotion zuzulassen. Drei Tage später informierte er Dorothea hierüber.

Aufgeregt reiste Dorothea Erxleben ohne ihren Ehemann allein zur mündlichen Prüfung vor den Professoren der Medizinischen Fakultät der Universität Halle, die für den 6. Mai 1754 anberaumt war. Sie übernachtete in der Kammer ihres Stiefsohnes Friedrich Georg Christian Erxleben, der mit einem Stipendium des Quedlinburger Damenstifts Theologie studierte. Bei der Prüfung befragte man Dorothea zwei Stunden lang in lateinischer Sprache in den Fächern Physiologie, Pathologie und Pharmakologie. Beredt sprach sie über die Ursachen von Krankheiten und deren Heilung.

Das Examen von Dorothea Erxleben wurde durch den aus einfachen Verhältnissen stammenden Professor Johann Junker (1679–1759), dem Dekan der „Medizinischen Fakultät" der Universität Halle, geleitet. Er war voll des Lobes über sie: „... und hat die Frau Candidatin in einem zweistündigen Examine alle quaestiones theoreticas und practicas in lateinischer Sprache, mit einer solchen gründlichen Accuratesse und Beredsamkeit beantwortet, dass alle Anwesenden damit vollkommen vergnügt waren."

Fünf Tage nach der Doktorprüfung informierte die „Medizinische Fakultät" der Universität Halle den König über das Resultat und vertrat die Auffassung, die Kandidatin hätte den Doktortitel verdient. Ungeachtet des erfreulichen Prüfungsergebnisses baten Dekan Junker und seine Kollegen den König um Erlaubnis für den eigentlichen Akt der Promotion und die Überreichung des Doktordiploms an Dorothea Erxleben.

Die Erlaubnis des Königs kam am 18. Mai 1754. Sie besagte, die Universität Halle solle Dorothea Erxleben unter der Auflage, sie müsse als praktizierende Ärztin die betreffenden preußischen Reglements beachten, den Doktortitel verleihen. Überglücklich fuhr die 38-Jährige mit der Postkutsche nach Halle, wo am 12. Juni 1754 die Promotionsfeier stattfand. Diese Feier erfolgte nicht – wie sonst üblich – in einem öffentlichen Hörsaal, sondern in der Wohnung des Dekans der „Medizinischen Fakultät".

Mediziner Johann Junker (1679–1759)

Haus in der Straße Kaplanei in Quedlinburg:
Hier wohnte und arbeitete Dorothea Erxleben zeitweise.

Johann Christian Polycarp Erxleben (1744–1777),
Naturwissenschaftler und Sohn von Dorothea Erxleben

24

Dorothea war jetzt Deutschlands erste Frau mit dem medizinischen Doktortitel. Mit ihrem eigenen Beispiel hatte sie bewiesen, dass die Argumente ihrer Zeit, die Frauen generell die Eignung zum Studieren absprachen, absurd waren. Die frischgebackene Ärztin bedankte sich in ihrer lateinischen Promotionsrede bei Gott, dem preußischen König, dem Dekan und der gesamten „Medizinischen Fakultät" für die ihre erwiesene Gunst. Die lateinische Fassung ihrer Doktorarbeit erschien noch 1754 gedruckt.

Nach ihrer erfolgreichen Promotion führte Dorothea Erxleben ihr Leben weiter wie bisher. Bei ihrer Arbeit als Ärztin änderte sich kaum etwas, außer dass ihr nun missgünstige Konkurrenten nicht mehr die medizinische Praxis verbieten lassen konnten. Dorothea kümmerte sich weiterhin um ihre Kinder, führte den großen Haushalt und behandelte ihre Patienten. Auch in höheren Gesellschaftskreisen wurden ihre Dienste geschätzt. 1755 ließ sie die von ihr übersetzte und etwas erweiterte deutsche Fassung ihrer Doktorarbeit drucken.

„Bedauerlicherweise ist so gut wie nichts über Dorothea Erxlebens weiteres Wirken als Ärztin bekannt", schrieb der Autor Dieter Wunderlich in seinem Buch „WageMutige Frauen. 16 Porträts aus drei Jahrhunderten" (2004). In einer alten Familienchronik heißt es über Dorothea, sie habe nach der Promotion in Quedlinburg mit Anerkennung die Heilkunst vor allem bei Frauen und Kindern erfolgreich ausgeübt, und sei die Leibärztin der Äbtissin des Quedlinburger Damenstifts gewesen. Sie habe fleißig studiert und ihrem später berühmt gewordenen älteren Sohn Johann Christian Polycarp Erxleben, dem nachmaligen Professor in Göttingen, Unterricht in Physik und Naturgeschichte erteilt.

Johann Heinrich Christian Erxleben (1753–1811),
Rechtswissenschaftler und Sohn von Dorothea Erxleben

Auch der jüngere Sohn Johann Heinrich Christian Erxleben machte eine akademische Karriere und wurde Professor der Rechte sowie Kanzler der Universität Marburg. Die leibliche Tochter Anna Dorothea Christiana hatte offenbar keine Ambitionen, die denen ihrer Mutter glichen.

Dorotheas Ehemann Johann Christian Erxleben starb am 26. März 1759. Seine Gattin erlag drei Jahre später am 13. Juni 1762 im Alter von nur 46 Jahren an Brustkrebs oder einem Blutsturz infolge einer Lungentuberkulose. Einen Tag später beerdigte man sie neben ihren Eltern, ihrem Gatten und dessen erster Ehefrau auf der rechten Seite des Quedlinburger Nikolai-Friedhofs. Man weiß heute nicht mehr genau, wo ihr Grab lag. Nicht nur die „Berlinische private Zeitung" widmete Dorothea Erxleben einen Nachruf, in dem man ihr Leben und Werk rühmte.

Erst am 20. April 1899 wurden Frauen im Deutschen Reich erstmals zu den Staatsprüfungen der Medizin, Zahnmedizin und Pharmazie zugelassen. An den Universitäten in Preußen ließ man Medizinstudentinnen erstmals im Wintersemester 1908/1909 zu.

Von 1960 bis zu ihrer Schließung im Jahre 1991 hieß die Medizinische Schule bzw. Medizinische Fachschule Quedlinburg „Dorothea Christiana Erxleben". Dort wurde medizinisches Personal aus 60 Ländern in Asien, Afrika und Lateinamerika ausgebildet bzw. qualifiziert. Eine Kaserne im Norden von Halle/Saale, in der nach 1990 das Sanitätsregiment 13 stationiert war, besaß bis zur Ausflösung der Garnison Halle im Sommer 207 den Namen „Dr.-Dorothea-Erxleben-Kaserne".

Auch etliche Schulen wurden nach der ersten deutschen Ärztin bezeichnet. An Dorothea Erxleben erinnern zudem zahlreiche Straßennamen, beispielsweise in Braunschweig,

Bild auf Seite 29:

Postwertzeichen zu Ehren von Dorothea Erxleben,
der ersten deutschen Ärztin,
im Wert von 60 Pfennig.
Erstausgabetag: 10. November 1988,
Serie: „Frauen der deutschen Geschichte",
Entwurf: Prof. Gerd Aretz.
Prof. Gerd Aretz (1930–2009)
war mit etwa 150 nach seinen Entwürfen
ausgeführten Briefmarken
einer der erfolgreichsten Briefmarkengestalter
in Deutschland.

Dorothea Erxleben

Deutsche Bundespost

Berlin

60

Dresden, Elmshorn, Halle/Saale, Hettstedt, Hilden, Kiel, Lübeck und in ihrem Geburtsort Quedlinburg.

Mit Dorothea Erxleben befassen sich Biografien, Romane und Dissertationen. Ihr Leben wird in dem Musiktheaterstück „Kein Ort. Erxleben" von Katrin Schinköth-Haase" künstlerisch gewürdigt. Nach ihr hat man auch das „Dorothea-Erxleben-Programm" des Landes Niedersachsen zur Qulifizierung für eine Professur an Universitäten und Fachhochschulen sowie das Klinikum Quedlinburg benannt. Am 10. November 1988 ehrte man sie in der Serie „Frauen der deutschen Geschichte" mit einer Briefmarke im Nennwert von 60 Pfennig. Die Künstlerin Marianne Traub hat 1994 eine Porträtbüste von ihr geschaffen.

Meilensteine der Medizin

Vor mehr als 50.000 Jahren: Die früheste Operation in der Geschichte der Menschheit wurde vielleicht schon zur Zeit der so genannten späten Neandertaler vor mehr als 50.000 Jahren vorgenommen. Dabei handelt es sich möglicherweise um die Amputation eines Armes an einem Neandertaler, dessen fossile Skelettreste in Shanidar (Irak) entdeckt wurden.

Um 5500–4900 v. Chr.: Die Bauern der Linienbandkeramischen Kultur, deren Name auf der bänderartigen Verzierung ihrer Tongefäße beruht, nehmen Schädeloperationen (Trepanationen) vor. Einer der frühesten misslungenen Eingriffe ist aus dem Gräberfeld von Höhnheim-Suffelsweyersheim im Elsaß (Frankreich) bekannt.

Um 5500–4900 v. Chr.: Die früheste Einrichtung und Ruhigstellung eines gebrochenen Armes kennt man aus der Zeit der erwähnten Linienbandkeramischen Kultur. Sie erfolgte bei einem Mann aus dem Gräberfeld vom Viesenhäuser Hof bei Stuttgart-Mühlhausen, dessen linker Unterarm gebrochen war und dank medizinischer Fürsorge gut verheilt ist.

5500 bis 2000 v. Chr.: Die meisten gelungenen Schädeloperationen der Jungsteinzeit in Mitteleuropa erfolgten zur Zeit
der Trichterbecher-Kultur (vor etwa 4300 bis 3000 v. Chr.),
der Walternienburg-Bernburger Kultur (vor etwa 3200 bis
2800 v. Chr.) und der Schnurkeramischen Kultur (vor etwa
2800 bis 2400 v. Chr.). Die von Medizinmännern der
Walternienburg-Bernburger Kultur vorgenommenen Schädeloperationen sind – nach den Funden mit verheilten
Wundrändern zu schließen – etwa zu 90 Prozent gelun-
gen.

4300–3000 v. Chr.: Als die ältesten Medizinfläschchen
gelten die aus Ton modellierten Kragenflaschen der
Trichterbecher-Kultur in Norddeutschland. Ein solches
kleines kugeliges Gefäß mit engem Hals aus Gellenerdeich
bei Oldenburg (Niedersachsen) hatte Schwefel enthalten,
der im Altertum als Medizin gegen mancherlei Krankheiten
diente.

Um 2100–2000 v. Chr.: Die ersten Rezepte werden in
sumerische Tontäfelchen eingeritzt.

Nach 800 v. Chr.: Der älteste Fund eines Verbandes stammt
aus der älteren Vorrömischen Eisenzeit, die in Mitteleuropa
nach einem österreichischen Fundort als Hallstatt-Zeit
bezeichnet wird. Mit diesem Verband war der nach einer
Verletzung vereiterte Arm eines Menschen umhüllt gewesen, dessen Skelettreste in der Schachthöhle bei Rückers-
dorf unweit von Nürnberg (Bayern) geborgen wurden.

Zwischen dem 8. und 4. Jahrhundert v. Chr.: Die Etrusker in
Italien befestigen künstliche Goldzähne an den benachbar-

ten stabilen Zähnen. Das beweisen Funde aus Gräbern jener Zeit.

Nach 330 v. Chr.: Griechische Ärzte verfassen den „hippokratischen Eid als ethischen Codex.

Vor 1300 n. Chr.: In Italien werden die ersten Augengläser zum Lesen verwendet.

1316: Das erste Lehrbuch der Anatomie erscheint. Verfasser ist der Mediziner Mondino dei Liucci aus Bologna in Italien, der zuvor zwei weibliche Leichen seziert hat.

1345: Die erste Apotheke, in der Arznei verkauft wird, wird in London eröffnet.

1456: In Mainz wird mit den Typen der 36-zeiligen Gutenberg-Bibel das erste medizinische Werk gedruckt. Es handelt sich um einen Aderlass- und Laxierkalender.

1726: Der englische Naturforscher und Geistliche Stephen Hales (1677–1761) misst an einer lebenden Stute zum ersten Mal exakt den Blutdruck eines Tieres.

1754: An der Universität Halle (Saale) promoviert die Arzttochter Dorothea Christiane Erxleben (1715–1762), geb. Leporin, als erste Frau in Deutschland zum „Doktor der Medizin“.

1804: Der deutsche Apotheker Friedrich Wilhelm Sertürner (1783–1841) entdeckt das Morphium.

1811: Der aus Schottland stammende Anatom Charles Bell (1774–1842) entdeckt, wie das Nervensystem funktioniert.

1838: Der deutsche Arzt und Chirurg Jacob von Heine (1800–1879) beschreibt auf der Versammlung der deutschen Naturforscher und Ärzte in Freiburg/Breisgau die spinale Kinderlähmung.

1846: Der amerikanische Zahnarzt William Morton (1819–1868) führt bei einer Operation in Boston (Massachusetts) die Anästhesie eines Patienten durch.

1846: Der französische Chirurg und Gynäkologe Joseph Claude Anthèlme Récamier (1774–1852) führt die „Curette" als chirurgisches Instrument zur Ausschabung der Gebärmutter ein.

1851: Der deutsche Physiker und Physiologe Hermann Helmholtz (1821–1894) erfindet den Augenspiegel, mit dem man erstmals die Netzhaut im Augenhintergrund untersuchen kann.

1855: Der Arzt Guillaume Benjamin Armand Duchenne de Boulogne (1806–1875) heilt Nervenkranke mit elektrischem Strom.

1865: Der österreichische Augustinermönch und Botaniker Gregor Mendel (1822–1884) entdeckt die Gesetzmäßigkeiten der Vererbung.

1867: Die Russin Nadeshda Suslowa promoviert als erste Frau an der Universität Zürich zum „Doktor der Medizin".

1871: Der amerikanische Zahnarzt James Beall Morrison (1829–1917) erfindet die Tretbohrmaschine mit bis zu 2.000 Umdrehungen pro Minute.

1873: Der norwegische Arzt Armauer Hansen (1841–1912) entdeckt den Erreger der Lepra.

1874: Marie Heim-Vögtlin (1845–1916) wird erste schweizerische Ärztin.

1882: Der deutsche Bakteriologe Robert Koch (1843–1910) entdeckt den Tuberkelbazillus.

1886: Der deutsche katholische Pfarrer und Naturheilkundige Sebastian Kneipp (1821–1897) veröffentlicht sein Buch „Meine Wasserkur" (bis 1894 bereits 50 Auflagen).

1895: Der deutsche Physiker Wilhelm Conrad Röntgen (1845–1923) entdeckt die Röntgenstahlen.

1899: Der deutsche Bundesrat beschließt am 20. April 1899, Frauen zum Medizinstudium und zu den Prüfungen zuzulassen.

1901: Der österreichische Pathologe und Bakteriologe Karl Landsteiner (1868–1943) entdeckt die Blutgruppen.

1901: Ida Democh legt am 31. März 1901 als erste deutsche Frau in Halle/Saale ein medizinisches Staatsexamen ab.

1902: Die ersten Mischnarkosegeräte für Äther, Chloroform und Sauerstoff kommen zum Einsatz.

1902: Dem niederländischen Physiologe Willem Einthoven (1860–1927) glückt das erste Elektrokardiogramm (EKG).

1903: Das von dem berühmten deutschen Chirurgen Ferdinand Sauerbruch (1875–1951) entwickelte Unterdruckverfahren erlaubt Lungen-Operatio-nen.

1905: Der deutsche Zoologe Fritz Schaudinn (1871–1906) und der deutsche Dermatologe Erich Hoffmann (1868–1959) entdecken den Erreger der Syphilis.

1906: Dem deutschen Zoologen Karl Eduard Zirm (1863–1944) gelingt die erste erfolgreiche Hornhautübertragung.

1906: Der Frankfurter Serologe und Pharmakologe Paul Ehrlich (1854–1915) und der japanische Bakteriologe Sahatschiro Hata (1873–1938) entwickeln „Salvarsan" zur Behandlung von Syphilis.

1910: Die Internisten Georg Kelling (1886–1945) aus Dresden und Hans Christian Jacobeus (1879–1937) aus Stockholm führen die ersten Bauchspiegelungen (Laparoskopien) beim Menschen durch.

1910: Der New Yorker Internist Max Einhorn ernährt zum ersten Mal einen Patienten mit Hilfe einer Magensonde.

1913: Der deutsche Bakteriologe Emil von Behring (1854–1917) nimmt die erste Diphterie-Impfung vor.

1913: Der aus Polen stammende Biochemiker Casimir Funk (1884–1967) entdeckt die Vitamine.

1916: Ferdinand Sauerbruch entwickelt künstliche Gliedmaßen wie den so genannten „Sauerbruch-Arm".

1918: Dr. med. Adele Hartmann (1881–1937) darf sich als erste deutsche Frau in München für das Fach Anatomie habilitieren.

1921: Frederik Grant Banting (1891–1941) und Charles Herbert Best (1899–1978) isolieren das Insulin. Die Diabetesforschung beginnt.

1924: Der Internist Georg Haas (1886–1971) nimmt in Gießen mit einer „künstlichen Niere" die erste „Blutwäsche" (Hämodialyse) vor.

1928: Der britische Bakteriologe Alexander Fleming (1881–1955) entdeckt die Wirkung von Penicillin.

1929: Der deutsche Psychiater und Neurophysiologe Hans Berger (1873–1941) schreibt das erste Elektro-Enzephalogramm (EEG) bei Epilepsie.

1929: Der deutsche Chirurg und Urologe Werner Forßmann (1904–1979) führt als erster eine Herzkathederisierung im Selbstversuch durch.

1929: Die Biochemiker Maurice H. Friedmann und Maxwell E. Lapham (1899–1983) entwickeln eine Labormethode, um Frühschwangerschaften zu diagnostizieren.

1931: Der deutsche Chirurg Rudolph Nissen (1896–1981) entfernt zum ersten Mal operativ einen Lungenflügel.

1931: Der deutsche Physiker Ernst Ruska (1906–1988) entwickelt in Berlin das Elektronenmikroskop.

1932: Der deutsche Chirurg Rudolf Schindler (1888–1968) entwickelt einen Magenspiegel (Gastroskop).

1937: Die italienischen Ärzte Ugo Cerletti (1877–1963) und Lucio Bini (1908–1964) führen die Elektrokrampftherapie als neue Behandlungsmethode ein.

1939: Der Berliner Kinderarzt Georg Bessau (geboren 1884) führt die vorbeugende Behandlung der Rachitis mit „Vitamin D" bei Säuglingen ein.

1940: Der österreichisch-amerikanische Hämatologe Karl Landsteiner (1868–1943) und sein amerikanischer Kollege Alexander Solomon Wiener (1907–1976) entdecken den Rhesus-Faktor.

1940: Der australische Arzt Norman McAlister Gregg (1892–1966) erkennt den Zusammenhang zwischen bestimmten Missbildungen und der Rötelnerkrankung Schwangerer.

1943: Der niederländische Arzt Willem Johan Kolff (geboren 1911) führt in Holland Versuche der Blutwäsche (Hämodialyse) durch.

1944: Der amerikanische Herzchirurg Alfred Blalock (1899–1964) nimmt in Baltimore (Maryland) zum ersten Mal erfolgreich eine Operation bei einem Kind mit angeborenem Herzfehler vor.

1946: Der amerikanische Virologe John Franklin Enders (1897–1985) entwickelt zusammen mit einer Arbeitsgruppe eine Schutzimpfung gegen Mumps.

1948: Dem amerikanischen Kinderarzt Sidney Farber gelingen erste Teilerfolge bei der Bekämpfung der Leukämie.

1950: Der amerikanische Chirurg Richard H. Lawler nimmt in Chicago die erste Nierentransplantation vor.

1953: Der amerikanische Herzchirurg John Heysham Gibbon (1903–1973) setzt die Herz-Lungen-Maschine bei der Operation am offenen Herzen ein.

1953: Die erste Nierentransplantation von einem lebenden Organspender wird in Paris unter Leitung des französischen Chirurgen Jean Hamburger durchgeführt. Der 16-jährige Marius Renard erhält eine Niere seiner Mutter, die jedoch abgestoßen wird. Marius stirbt am 27. Januar 1954.

1954: Dem amerikanischen Bakteriologen Jonas Salk und seinem Landsmann, dem Kinderarzt und Virologen Albert Bruce Sabin, glückt die Herstellung von Impfstoffen gegen spinale Kinderlähmung (Poliomyelitis).

1958: Der schwedische Herzchirurg Åke Senning implantiert in Stockholm den ersten Herzschrittmacher.

1962: Der deutsche Kinderarzt Widukind Lenz erkennt Thalidomid (Contergan) als Ursache schwerer Missbildungen bei Neugeborenen.

1967: Der südafrikanische Chirurg Christiaan Barnard (1922–2001) nimmt am 3. Dezember im Groote-Shuure-Hospital in Kapstadt (Südafrika) die erste Herztransplantation vor. Das Herz der bei einem Verkehrsunfall ums Leben gekommenen Denise Darvall wird dem 54-jährigen Lebensmittelhändler Louis Washkansky eingesetzt. Der Eingriff gelingt, doch der Patient stirbt 18 Tage später an einer Infektion.

1968: Dem amerikanischen Hämatologen Edward Donnall Thomas glückt die erste Knochenmarkstransplantation. Dafür erhält er 1990 den „Nobelpreis für Physiologie und Medizin".

1976: Der britische Elektroingenieur Godfrey Newbold Hounsfield entwickelt die erste Computertomographie.

1978: In Oldham (England) wird das erste durch Befruchtung außerhalb des Körpers entstandene „Retorten-Baby" geboren.

1981: Die Immunschwäche AIDS wird in Kalifornien als neue Seuche erkannt.

1983: Die Kernspintomographie wird klinisch eingeführt.

LITERATUR

BILLIG, Andreas: Dorothea Christiana Erxleben. Die erste deutsche Ärztin, Dissertation, München 1966

BÖHM, Heinz: Dorothea Christiana Erxleben. Ihr Leben und Wirken, Quedlinburg 1965

BÖHM, Heinz: Zum 250. Geburtstag von Dorothea Christiana Erxleben, Quedlinburg 1965

BRENCKEN, Julia von: Doktorhut und Weibermütze. Dorothea Erxleben – die erste Ärztin. Biografischer Roman, Heilbronn 1997

BRINKSCHULTE, Eva Labouvie (Herausgeberin): Dorothea Christiana Erxleben: Weibliche Gelehrsamkeit und medizinische Profession seit dem 18. Jahrhundert. Halle (Saale) 2006

BUCHHEIM, Liselotte: Erxleben, Dorothea. Aus: Neue Deutsche Biographie (NDB), Band 4, S. 637, Berlin 1959

DOROTHEA ERXLEBEN, Wikipedia (Online-Lexikon) http://de.wikipedia.org/Dorothea_Christiane_Erxleben

ERXLEBEN, Dorothea: Gründliche Untersuchung der Ursachen, die das weibliche Geschlecht vom Studieren abhalten, bearbeitet von Gudrun Gründken, Zürich und Dortmund 1993

HASTED, Regina: Dorothea Erxleben. Historischer Roman über die erste deutsche Ärztin, Berlin 2000

HIRSCH, August: Erxleben, Dorothea. Aus: Allgemeine Deutsche Biographie (ADB), Band 6, S. 334, Leipzig 1877

KRAETKE, Emmy: Die Ärztin aus Quedlinburg, Marburg 2003

LUDWIG, Hans: Dorothea Christiana Erxleben (1715–1762). Erste promovierte Ärztin in Deutschland. Der Gynäkologe 45, S. 732–734, Heidelberg 2012

MARKAU, Kornelia Steffi Gabriele: Dorothea Christina Erxleben (1715–1762): Die erste promovierte Ärztin Deutschlands. Eine Analyse ihrer lateinischen Promotionsschrift sowie der ersten deutschen Übersetzung, Dissertation, Halle-Wittenberg 2006

MEIXNER, Brigitte: Dr. Dorothea Christiana Erxleben. Erste deutsche promovierte Ärztin. Herausgeber: Städtische Museen Quedlinburg, Halle 1999

PIES, Elke: Dorothea Christiane Erxleben, geborene Leporin (1715–1762), die erste promovierte Ärztin in Deutschland, Dommershausen-Sprockhövel 2011

PROBST, Ernst: Deutschland in der Steinzeit, München 1991

PROBST, Ernst: Rekorde der Urmenschen. Erfindungen, Kunst und Religion, München 1992

PROBST, Ernst: Superfrauen 5 – Wissenschaft, Mainz-Kostheim 2001

QUEDNAU, Werner: Die Ärztin Dorothea Christiana. Biographischer Jugendroman, Gütersloh 1960

RUTSATZ, Erika: Ärztin aus Berufung und Leidenschaft. Dorothea Erxleben – erste deutsche promovierte Medizinerin. Mitteldeutsche Zeitung, Heimat, S. V 1, 1. April 1995

SCHEFFOLD, Andrea: Dorothea Christiane Erxleben, geb. Leporin. Leben und Legende der ersten deutschen promovierten Ärztin, Dissertation, Münster 1995

STOCKMANN: Dorothea Erxleben. Doktorwürde. Aus: Schritte aus dem Schatten. Frauen in Sachsen-Anhalt. Querfurt 1993

WIKIPEDIA (Online-Lexikon) http://wikipedia.org

WOMEN IN AMERICAN HISTORY: Elion, Gertrude Belle. Aus: Encyclopaedia Britannica
WUNDERLICH, Dieter: Dorothea Erxleben (1715–1762): Promovierte Ärztin. Aus: WageMutige Frauen. 16 Porträts aus drei Jahrhunderten, München 2008

BILDQUELLEN

Autor Ernst Probst

DER AUTOR

Ernst Probst, geboren am 20. Januar 1946 in Neunburg vorm Wald im bayerischen Regierungsbezirk Oberpfalz, ist Journalist und Wissenschaftsautor. Er arbeitete von 1968 bis 1971 als Redakteur bei den „Nürnberger Nachrichten", von 1971 bis 1973 in der Zentralredaktion des „Ring Nordbayerischer Tageszeitungen" in Bayreuth und von 1973 bis 2001 bei der „Allgemeinen Zeitung", Mainz. In seiner Freizeit schrieb er Artikel für die „Frankfurter Allgemeine Zeitung", „Süddeutsche Zeitung", „Die Welt", „Frankfurter Rundschau", „Neue Zürcher Zeitung", „Tages-Anzeiger", Zürich, „Salzburger Nachrichten", „Die Zeit", „Rheinischer Merkur", „Deutsches Allgemeines Sonntagsblatt", „bild der wissenschaft", „kosmos", „Deutsche Presse-Agentur" (dpa), „Associated Press" (AP) und den „Deutschen Forschungsdienst" (df). Aus seiner Feder stammen die Bücher „Deutschland in der Urzeit" (1986), „Deutschland in der Steinzeit" (1991), „Rekorde der Urzeit" (1992), „Dinosaurier in Deutschland" (1993 zusammen mit Raymund Windolf) und „Deutschland in der Bronzezeit" (1996). Ab 2000 verfasste er eine 14-bändige Taschenbuchreihe über berühmte Frauen. Von 1986 bis heute veröffentlichte er mehr als 200 Bücher, Taschenbücher, Broschüren und E-Books. Eine seiner Spezialitäten sind Biografien über berühmte Frauen.

Bücher von Ernst Probst

Superfrauen 1 – Geschichte
Superfrauen 2 – Religion
Superfrauen 3 – Politik
Superfrauen 4 –Wirtschaft und Verkehr
Superfrauen 5 – Wissenschaft
Superfrauen 6 – Medizin
Superfrauen 7 – Film und Theater
Superfrauen 8 – Literatur
Superfrauen 9 – Malerei und Fotografie
Superfrauen 10 – Musik und Tanz
Superfrauen 11 – Feminismus und Familie
Superfrauen 12 – Sport
Superfrauen 13 – Mode und Kosmetik
Superfrauen 14 – Medien und Astrologie
Superfrauen aus dem Wilden Westen

Königinnen der Lüfte in Deutschland
Königinnen der Lüfte in Frankreich
Königinnen der Lüfte in England, Australien
und Neuseeland
Königinnen der Lüfte in Europa
Königinnen der Lüfte in Amerika
Königinnen der Lüfte von A bis Z
Frauen im Weltall
Drei Königinnen der Lüfte in Bayern (zusammen
mit Josef Eimannsberger)

Christl-Marie Schultes. Die erste Fliegerin in Bayern
(zusammen mit Theo Lederer)
Sturzflüge für Deutschland. Kurzbiografie der Testpilotin
Melitta Schenk Gräfin von Stauffenberg (zusammen
mit Heiko Peter Melle)
Tony und Bruno Werntgen. Zwei Leben für die Luftfahrt
(zusammen mit Paul Wirtz)

Julchen Blasius. Die Räuberbraut des Schinderhannes
Veronica Carstens. Die Förderin der Naturheilkunde
Cortes und Malinche. Der spanische Eroberer
und seine indianische Geliebte
Der Schwarze Peter. Ein Räuber im Hunsrück
und Odenwald
Hildegard von Bingen. Die deutsche Prophetin
Johann Jakob Kaup. Der große Naturforscher
aus Darmstadt
Königinnen des Films 1. Von Lucille Ball
bis zu Sophia Loren
Königinnen des Films 2. Von Anna Magnani
bis zu Mae West
Königinnen des Films in Italien. Anna Magnani –
Giulietta Masina – Gina Lollobrigida – Sophia Loren
Königinnen des Tanzes
Königinnen des Theaters
Theo Lederer. Ein Flugzeugsammler aus Oberbayern
Machbuba. Die Sklavin und der Fürst
Malende Superfrauen. Sofonisba Anguissola –
Frida Kahlo – Angelika Kauffmann – Paula Modersohn-
Becker – Séraphine Louis – Marianne von Werefkin
Pocahontas. Die Indianer-Prinzessin aus Virginia
Pompadour und Dubarry. Die Mätressen von Louis XV.

Maria Stuart. Schottlands tragische Königin
Elisabeth I. Tudor. Die jungfräuliche Königin
Zenobia.Eine Frau kämpft gegen die Römer

Meine Worte sind wie die Sterne. Die Entstehung der Rede
des Häuptlings Seattle (zusammen mit Sonja Probst)
Der Ball ist ein Sauhund. Weisheiten und Torheiten
über Fußball (zusammen mit Doris Probst)
Worte sind wie Waffen. Weisheiten und Torheiten
über die Medien (zusammen mit Doris Probst)
Schweigen ist nicht immer Gold. Zitate von A bis Z
Weisheiten der Indianer

Bestellungen bei: http://www.grin.com